산리오캐릭터즈
고민 상담소

대원앤북

캐릭터 소개

헬로키티
생일 : 11월 1일

마이멜로디
생일 : 1월 18일

쿠로미
생일 : 10월 31일

시나모롤
생일 : 3월 6일

포차코
생일 : 2월 29일(윤년생)

폼폼푸린
생일 : 4월 16일
날씨가 좋은 날

혼자만의 고민으로 마음이 복잡한가요?
그럴 땐 산리오캐릭터즈와 함께
조용히 마음을 들여다보세요.
따뜻한 위로와 다정한 조언이
기다리고 있어요.
지금, 산리오캐릭터즈 고민 상담소의
문을 열어 보세요.

산리오캐릭터즈
고민 상담소 이용 방법

1.
책을 펼치기 전,
마음속의 고민을
떠올려 보세요.

2.
질문은
한 번에 하나씩
떠올리는 것이
좋아요.

3.
마음을 집중하고
느낌이 오는 페이지를
펼쳐 보세요.

4.
그 페이지 속에
고민에 대한 해답이
나옵니다.

오늘은 좋은 일이 생길 거야.

다음에는 더 잘할 수 있어.

무슨 일이 있어도
다 이길 수 있어.

누군가가 널 도와줄 거야.

가끔은 쉬어도 돼.

너의 직감을 믿어!

당당함을 잃지 마.

친구와 사이좋게 지내.

**하루하루의 행복을
소중하게 여기자.**

**일어나지 않은 일은
미리 걱정하지 마.**

재미없는 일은 하지 마.

친구나 어른의 의견을
듣는 것도 좋아.

조금만 기다려 봐.

**복잡한 일은
잊어버려도 돼.**

도망치면 안 돼.

너만 생각해도 돼.

더는 물러서지 마.

포기하지 마.

노력한 만큼
보답이 있을 거야.

너에게 맞는 속도로 가면 돼.

한 발자국만 내디뎌 봐.

목적을 이루기 위해서는
멈춰야 할 때도 있어.

더 강해질 수 있어.

정답은 네 가까이에 있어.

휴식이 필요해.

다른 사람을 먼저 생각해야 해.

네가 원하는 대로 해.

원하는 일에 집중해.

기쁨과 행복이 가득할 거야.

마음을 좀 더 열어 봐.

너무 오래 고민하지 마.

놓친 게 없는지 잘 생각해 봐.

오늘 실패했다고 실망할 필요 없어.

노력 없이 얻는 결과는 없어.

뒤돌아보지 마.

너만을 위한
시간을 가져.

한 번만 다시 생각해 봐.

나른하게 보내는
하루도 필요해.

생각하기 전에 행동해.

**의심해 보는 것도
나쁘지 않아.**

**다른 사람들의 말에
귀를 기울여도 좋아.**

네 주변에 행운이 가득해.

**과감하게 포기해야만
할 때도 있어.**

**오늘의 실패는
내일의 성공이 될 거야.**

원하는 일은
꼭 이루어질 거야.

다른 방법을 생각해.

너 자신을 의심하지 마.

감정에 휘둘리지 마.

조금 더 노력해 봐.

**네가 가장
좋아하는 일을 해야 해.**

너는 할 수 있어.

위기를 기회로 바꿔!

전부 해결될 거야.

**열심히 하면
뭐든 할 수 있어.**

**안 되는 일에
매달리지 마.**

**미래를 위해
힘을 아껴 둬.**

좋은 경험이 될 거야.

후회하지 마.

일단 저질러 봐.

노력하면 이루어질 거야.

주변을 더 살펴봐.

**모든 사람의 마음이
나와 같진 않아.**

무엇이든 할 수 있다는
자신감을 가져.

**고마운 마음을
잊어서는 안 돼.**

행복한 일이
가득할 거야.

친구와 함께 고민하면
답이 보일 거야.

할 일을 미루면 안 돼.

마음을 편하게 가져.

다른 사람을 행복하게 만들면
너도 행복해질 거야.

어려운 일도
금방 해결할 수 있어.

말보다는 행동으로 보여 줘.

마음먹기에 달렸어.

사람들에게 친절하게
대해야 해.

물질보다 마음이 더 중요해.

신나는 일을 생각해.

서운한 일이 있다면
솔직하게 말해 봐.

원하는 것을 얻을 수 있어.

웃는 사람이 결국 이겨.

시작한 일은 끝까지 해 봐.

보물은 네 곁에 있어.

좋아하는 사람에게 연락해 봐.

**다른 사람의 의견보다
네 생각이 제일 중요해.**

스스로에게
솔직해져 봐.

첫 번째 선택을 믿어 봐.

안 좋은 일은
웃고 잊어버려.

가끔 울어도 괜찮아.

새로운 일을 해 봐.

아무 생각 없이 자도 돼.

진심을 다하면
다들 알아줄 거야.

꿈은 이루어져.

잘 안 돼도 실망하지 마.

운보다 노력이 중요해.

긍정적인 생각을 해.

친구들이 너를 도와줄 거야.

다른 사람의 시선은
신경 쓰지 말고
믿는 대로 행동해.

언제나 네가 최고야.

누구에게나 정직해야 해.

**부정적인 생각은
잠시 접어 둬.**

지난 날보다 다가올 날들이
더 중요해.

**욕심을 조금
내려놓아야 할 때도 있어.**

외출하는 것도 도움이 돼.

어떻게든 될 거야!

산리오캐릭터즈
고민 상담소

2025년 9월 1일 1판 1쇄 인쇄
2025년 9월 17일 1판 1쇄 발행

발행인 : 황민호
캐릭터비즈사업본부 이사 : 석인수
편집장 : 손재희
책임편집 : 김지수
디자인 : 디자인 쿠키
편집부 엮음

발행처 : 대원씨아이(주) www.dwci.co.kr
주소 : 서울시 용산구 한강대로 15길 9-12
전화 편집 : 02-2071-2169 **영업** : 02-2071-2066
팩스 : 02-794-7771
등록번호 : 1992년 05월 11일 등록 제3-563호

979-11-423-2281-5 02690

© 2025 SANRIO CO., LTD.
FOR SALE IN KOREA ONLY

※ 본 제품은 (주)산리오코리아와 대원씨아이(주)의 라이센스 계약에 따라,
  한국 내에서만 판매를 허락받은 제품이며, 본 제품 및 캐릭터의 무단복제를 금합니다.
※ 잘못된 도서는 구입하신 곳에서 교환해 드립니다.